L'ÉCLAIR,

CHANTS

PAR

VICTOR BASIÈRE.

PARIS,
CHEZ DUPONT, ÉDITEUR, RUE DU MONCEAU-S.-GERVAIS, 8,
CHEZ LES PRINCIPAUX LIBRAIRES,
ET CHEZ L'AUTEUR, A CLICHY-LA-GARENNE, RUE DU LANDY, 24.
1836.

L'ÉCLAIR,

CHANTS

PAR

VICTOR BASIÈRE.

PARIS,

CHEZ DUPONT, ÉDITEUR, RUE DU MONCEAU-S.-GERVAIS, 8,

CHEZ LES PRINCIPAUX LIBRAIRES,

ET CHEZ L'AUTEUR, A CLICHY-LA-GARENNE, RUE DU LANDY, 24.

1836.

LE MAÇON.

Air de l'Aveugle de Bagnolet. (de Béranger).

>Joyeux maçon,
>Bon garçon,
>Sans façon,
>L'indépendance
>A ma croyance ;
>Joyeux maçon,
>Bon garçon,
>Sans façon,
>je bois et chante à l'unisson.

Maçon je suis et m'en fais gloire,
En dépit de mes détracteurs,
Bacchus et le joyeux Grégoire
Furent toujours mes protecteurs,
Je suis un de leurs sectateurs.
Sous l'étendard de la folie
Gaîment je marche en cette vie.

>*Roule ta bosse ; un voyage de musique.*

Joyeux etc.

Ici, chacun a sa croyance ;
Chacun a ses goûts, ses plaisirs,
Aux bienfaits de l'indépendance
Je rends hommage en mes loisirs,
Les posséder sont mes désirs :
Quand le valet titré me blâme,

Je m'écrie alors de toute âme :

Garde à vous : deux truellées de crépi.
Joyeux etc.

Le parvenu, le millionnaire
Me regardent d'un air hautain ;
Sont-ils plus hommes sur la terre ?
Ils repoussent avec dédain
Le pauvre qui leur tend la main.
Mon pain avec lui je partage,
Et contre eux je dis plein de rage :

Va de bon cœur ; encore un voyage de gros.
Joyeux etc.

Homme du peuple, moi je pense,
Quoique ce droit m'est contesté.
Fort souvent je mets en balance
Le pouvoir et la liberté,
L'égoïsme et l'humanité.
Pour chacun d'eux qui les rejette,
Je crie en vigoureux athlète :

La France, mes petits outils à recouper.
Joyeux etc.

Lorsque les rois se font la guerre,
Ils ravagent tous les pays,
Le palais, comme la chaumière,
Sous leurs coups tombent en débris,
Et n'inspirent que leur mépris.
Moi, je rebâtis à mesure,
Et travaille à leur sépulture.

Sans chagrin du plâtre à la pelle.
Joyeux etc.

Bon vivant, fils de la nature,
Mon cœur ne filtre pas le fiel,
Mon ame n'a point de souillure,
Mon code est simple et fraternel,
Mon être est tout à l'Éternel,
La terre entière est ma patrie,
Quoiqu'aimant la France chérie.
L'avant-garde, un voyage au sas, serré.
Joyeux etc.

Clichy-la-Garenne, 1836.

JE VOUS SUIS CHÈRE ET VOUS AVEZ UN...

Air de la Laitière de Montfermeil.

L'éclair sillonne et la foudre menace,
Le chêne altier courbe son noble front,
L'aigle superbe a perdu son audace,
Le vieux coursier est craintif et moins prompt, *(bis)*.
Ce noir fracas annonce une venue,
De toutes parts retentit le beffroi.
La liberté dit en perçant la nue :
Je vous suis chère, et vous avez un... *(bis)*.

J'habite aux cieux, vous m'en faites reproche,
Pauvres enfans ! athlètes féminins,
Vous m'invoquez, tout fuit à mon approche,
Ai-je souffert pour régner sur des nains ? *(bis)*.

Vos bras vengeurs . . . .
. . . .
. . . .
. . . .

Quoi! vous niez que vous avez des maîtres ?
Et l'encens fume encor sur les trépieds,
Aux courtisans vous dites, rampez, traîtres,
Un seul regard vous renverse à leurs pieds.   *(bis.)*
Forts d'un projet que la crainte repousse,
Vous hésitez ! où donc est votre foi ?
Loin d'être roc, vous êtes de la mousse.
Je vous etc.

Vous aimez bien et sans qu'il vous en coûte,
Un zèle ardent vous anime d'abord,
C'est à regret que j'ose émettre un doute,
Mais entre vous je ne vois point d'accord ;
Votre union finirait ma souffrance :
Je suis à plaindre ! Aimez autant que moi,
Sur vos erreurs je vois gémir la France.
Je vous etc.

Trop généreux pour conserver de haine,
Vous pardonnez à l'ennemi vaincu ;
En menaçant vous portez votre chaîne,
Et l'oppresseur a toujours trop vécu...
Trop emporté par la fougue de l'âge,
Vous voulez tout asservir à ma loi :
Vous voyez faux en narguant l'esclavage.
Je vous suis etc.

La foudre éclate, et la foule étonnée
jette un regard vers l'éternel séjour ;
La vierge alors disparaît couronnée
Des cent rayons que nous lance le jour.
La mer mugit, et la terre tremblante
Répand partout l'épouvante et l'effroi :
La liberté redit d'une voix lente,
Je vous suis chère et vous avez un....

Pélagie, 1833.

LE CONTRE-MAITRE ET L'OUVRIER.

AIR : *Voilà pourquoi je suis républicain.*

La cloche sonne, au travail, mercenaire,
Vite reprends le cours de tes travaux.
Pour mériter ton modique salaire,
Enerves-toi sous ces pesans fardeaux,   (*bis*).
Dépêche, allons, plus de cœur à l'ouvrage,
Seul ici bas tu dois avoir le mal ;
Lorsque, perclus, tu deviens au vieil âge,
On a pour toi fait exprès l'hôpital.   (*bis*).

Je n'aime pas qu'un prolétaire pense,
Je veux qu'il soit entier à son travail,
Qu'il se dévoue au chef qui, de la France
De son vaisseau conduit le gouvernail.
Ce peu de mots excite ta colère,
Homme insensé ! tu te dis son égal,
Il est puissant, tu n'es rien sur la terre,
On a pour toi, etc.

Rejette au loin l'esprit d'indépendance,
Laisse le fou se rendre criminel,
Vois dans nos champs, vois régner l'abondance,
La cause est lui... « la cause est l'Eternel;
Si tu voulais te montrer plus traitable,
Quelques secours... « Vous parlez d'or, vénal,
Pauvre je suis, mais point un misérable. »
On a pour toi etc.

Oserais-tu parfois te méconnaître?
Toi qui n'a pas la moindre autorité.
Seul en ces lieux, je remplace le maître,
Soumets-toi donc à ma capacité :
« Le maître ici ne tient pas ce langage,
« Il est pour nous généreux et loyal,
Il est trop bon, quoi... pas encore en nage? »
On a pour toi etc.

Il te sied bien de blâmer ma conduite,
Et devant moi de parler sur ce ton !
Pour te punir, je vais courir de suite
Des bordereaux faire effacer ton nom.
Ah! pardonnez... ma famille est nombreuse
Pour la nourrir je suis seul au total ;
Et que me fait qu'elle soit malheureuse !
On a pour vous, etc.

Dix ans après, le grand flot populaire
De son eau pure avait lavé le sol ;
L'humanité déployait sa bannière,
Et la déesse accourait à plein vol.
Le travailleur dans une honnête aisance,

Vivait tranquille en son pays natal.
Le monde entier n'avait qu'une croyance,
Le contre-maître était à l'hôpital.

Clichy-la-Garenne, 1836.

MA RENTRÉE A PÉLAGIE.

AIR : *Adieu ma bonne mère, je pars, le tambour bat.*

Je revois Pélagie
Et refranchis son seuil ;
La plaintive élégie
Me poursuit de son deuil.
Le sombre ennui me guette
Mon cœur est soucieux,
Échos de la goguette
Un de vos chants joyeux.
  Tin tin tin,
  R'lin tin tin,
  A boire
 Imitons Grégoire.
 Ra ta plan, pa ta plan,
 Plan, ra ta plan.
De l'aimable folie
Agitez les grelots,
Puis, barbouillez de lie
Ses petits dieux fallots.
Faites surtout qu'ils chantent
De joyeuses chansons,
Leurs douces voix m'enchantent,

Reproduisez leurs sons.
>Gai gai gai,
>Oui morgué
>La folie
>Est notre amie.
>Ra ta plan, etc.

Des lascives Bacchantes,
Les charmes sont puissans,
A leurs voix enivrantes
Tressaillissent mes sens.
Leur magique baguette
Provoque les flons flons,
Excite à la guinguette
Et les sauts et les bonds.
>Bon bon bon,
>Fron fron fron,
>En France
>On aime la danse,
>Ra ta plan, etc.

J'ai toujours ma constance,
Mes sens n'ont pas failli.
Mes souvenirs d'enfance,
Chez moi n'ont point vieilli.
Échos de mon village,
Répétez le refrain,
Qui charmait mon jeune âge
Et chassait mon chagrin.
>La hou lou
>Tir li tou,

<pre>
        La houlaine
      Et r'litontaine,
    Ra ta plan, etc.
</pre>

Courez à la chaumière,
Qui vit mes pas naissans,
Raviver ma grand' mère,
Par vos tendres accens.
Parfois elle fredonne,
Un petit air charmant,
Comme sa voix chantonne,
Dites-le doucement.
<pre>
        Tra la la
        La la la,
      Je fus gentille
        Étant fille.
    Ra ta plan, etc.
</pre>

Son souvenir m'anime,
Dissipe ma douleur,
Mais la main qui m'opprime
Me frappe avec fureur ;
Son action m'inspire
Un chant de liberté !
Je ressaisis ma lyre,
Et chante avec fierté.
<pre>
        Ra ta plan,
        Pa ta plan,
        La tirannie
        Est honnie,
</pre>

Ra ta plan, pa ta plan,
Plan, ra ta plan.

Pélagie, avril 1834.

AIR : *D'une larme au courage!...*

Pauvres enfans vous voilà vieux,
Vous dépassez la soixantaine,
Le jour est plus sombre à vos yeux
Le sang se fige en votre veine.
Vous avez des regrets cuisans,
Votre jeunesse fut fougueuse,
Je compte bientôt cent dix ans,
Et ma vie est toujours heureuse !

Vous vous êtes moqué de moi
Lorsque j'en étais à votre âge,
Que du temps fesant doux emploi,
Je courtisais gentil corsage,
Vous êtes hargneux, médisant,
C'est votre âge que l'on honore,
Je compte bientôt cent dix ans,
Et cependant l'on m'aime encore.

Sous ce vieux tilleul que voici,
Fesant sauter les jeunes filles,
Vous me raillâtes à merci :
Pauvres gens, quittez vos béquilles !
Vos pas sont devenus pesans,

Vos jambes vous demandent grâce ;
Je compte bientôt cent dix ans,
Et dansant je fais une passe.

Quand je chantais un gai refrain,
Ma faible voix vous fesait rire,
Vous m'appeliez franc bout-en-train
Pour rendre vive la satire.
Chantez, montrez-vous complaisans;
Votre bouche à chacun bourdonne,
Je compte bientôt cent dix ans,
Et la nuit le jour je fredonne.

Quand je me plaignais faiblement
Des maux que me causait ma goutte,
De notre dernier logement
Votre doigt me montrait la route,
J'y vis partir bien des plaisans,
Les douleurs prolongent vos veilles ;
Je compte bientôt cent dix ans,
Et je vide encor vingt bouteilles.

De la Force, avril 1835.

LE DÉPIT AMOUREUX.
Romance.

Air : *Maudit printems.* (DE BÉRANGER.)

Ou, Air *de ma Normandie.*

De vous aimer je n'ai plus garde,
Vous m'avez trompé trop de fois,

De vous savoir loin il me tarde,
Ma raison a repris ses droits ;
Si vous voulez qu'il me souvienne
Que j'ai pu croire à votre amour,
Partez, pour alléger ma peine,
Fuyez, fuyez, oui, fuyez sans retour.   (*bis*.)

   Je croyais à votre langage,
Vous me parliez si tendrement,
J'y croyais ! Pour moi quel outrage,
Vous m'abusiez indignement,
Oui, je renonce à vous entendre,
Ne me faites plus votre cour,
A mon cœur cessez de prétendre.
     Fuyez, etc.

   Non, maintenant rien ne me touche,
Pas même votre repentir,
Devant moi fermez votre bouche,
Elle ne sait plus que mentir.
Vous dites sincères vos larmes ?...
Elles se cacheraient au jour,
Ah ! pour dissiper mes alarmes,
Fuyez, fuyez, oui, fuyez sans retour.
                   Clichy-la-Garenne, 1836.

JE SUIS AMBITIEUX.

Air : *Ce que je sais, je sais le taire.* (Chanu).

   Nous arrivons sur cette terre,
Un jour trop tard, un jour trop tôt,

Notre enfance est à la colère,
Voilà notre premier défaut;
Les travers sont notre partage
Car nous naissons tous vicieux,
De tous les défauts, le moins sage
C'est je crois d'être ambitieux. *(bis.)*

L'homme que ce défaut domine
A toujours un vide en son cœur,
De tel côté qu'il s'achemine
Il ne peut saisir le bonheur.
Partout il trouve son mécompte,
Il est bizarre et soucieux,
Je dois l'avouer à ma honte
Amis, je suis ambitieux.

Oui, l'ambition me tourmente,
Et me laisse peu de repos,
A chaque instant mon mal augmente
Mon cœur est triste et peu dispos.
Pourquoi le sort qui me chagrine
Est-il aussi capricieux?
Un feu lent brûle ma poitrine,
Amis, je suis ambitieux.

J'ambitionne de la gloire
Acquise en servant mon pays,
Reconquérir son territoire
Que ravirent ses ennemis,
Voler demain à sa défense,
Mettre en fuite l'audacieux,

Qui l'insulte par sa présence.
Amis, etc.

J'ambitionne du génie
Utile a mes concitoyens,
Frapper au cœur la tirannie
Et renverser ses dieux païens,
Me tenir ferme sur Pégase
Malgré ses bonds malicieux,
Un tout petit coin au Parnasse.
Amis, etc.

J'ambitionne des richesses
Pour chasser la mendicité,
Pour étendre par mes largesses,
Le pouvoir de l'humanité,
Pour racheter de l'esclavage
Les serfs de maîtres odieux,
Pour doter l'homme en son vieil âge,
Amis, je suis ambitieux.

Ste-Pélagie, juin 1834.

Imp. de Beaulé et Jubin, rue du Monceau-St-Gervais, 8.

SOUS PRESSE

La Deuxième édition de la livraison du *Blanchisseur*.

POUR PARAÎTRE INCESSAMMENT,

Scènes populaires, et Chansons grivoises du même auteur, etc.

www.ingramcontent.com/pod-product-compliance
Lightning Source LLC
Chambersburg PA
CBHW071426060426
42450CB00009BA/2046